Gedser Kirke

100 år

1915 - 2015

Gedser Kirke 100 år, 1915-2015

Forfattere: Kim Grützmeier, Søren Winther Nielsen, Gitte Ahrenkiel.
Udgivet af: www.gahrgalleri.dk /v. Gitte Ahrenkiel
Cover-fotos: Gitte Ahrenkiel, PH Bergmann Fotografi, commons.wikipedia.org
Forlag: Books on Demand GmbH, København, Danmark
Fremstilling: Books on Demand GmbH, Norderstedt, Tyskland

ISBN: 9788771701371

For tilvejebringelse af værdifuld materiale til brug i bogen en stor tak til:

Danmarks Kunstbibliotek, Kbh. K.
ETN Arkitekter ApS, Nykøbing F.
Falsters Egnshistoriske Arkiv og Museum Lolland-Falster, Nykøbing F.
Gedser Lokalhistoriske Arkiv
Guldborgsund Bibliotekerne, Hovedbiblioteket, Nykøbing F.

INDHOLDSFORTEGNELSE

Forord

Gedser Kirke, ikke blot Danmarks, men også Skandinaviens sydligste kirke blev indviet Palmesøndag 1915 og bliver således snart 100 år.

Denne milepæl skal naturligvis markeres på behørig vis og derfor har menighedsrådet besluttet at udgive dette festskrift.

Kirken står næsten som dengang, den blev indviet, men det ydre er dog blevet totalt renoveret i 2014. Taget er udskiftet og murværket har gennemgået en meget nødvendig restaurering og opretning, da det var meget medtaget som følge af den udsatte beliggenhed tæt ved Østersøen.

Vi er meget tilfredse med resultatet og vil gerne takke Lolland-Falsters Stift, Entreprenørfirmaet Troels Jørgensen, og ETN Arkitekter for et godt og konstruktivt samarbejde under hele forløbet.

Desuden er det gamle Frobenius-orgel udskiftet med et nyt, der er bygget af orgelbyggerfirmaet P.G. Andersen og Bruhn. Orglet giver også fremover muligheder for koncerter, da det er langt mere avanceret end det gamle, der var helt nedslidt.

Med dette skrift vil vi i tekst og billeder give et indtryk af de 100 år, der er gået og ikke mindst sætte fokus på renoveringen og det nye orgel.

På menighedsrådets vegne

Kim Grützmeier

I begyndelsen var Ordet

Af Søren Winther Nielsen, Sognepræst

Alfred Leo Jørgensen er dåbsbarn fra Gedser Kirke – fra 1915. Februar 2010 besøgte han kirken sammen med andre pensionister fra Nykøbing. Her står han ved åstedet ved siden af kirkens sognepræst.
Foto: Anette E. Hansen

For et par år siden samledes nogle konfirmander og deres præst i en rundkreds i den lille lund ved præstegården i Gedser. De forsamlede læste, bad og bekendte troen. I begyndelsen var ordet. De sang deres salmer derude i kulden og morgenlyset, og sådan opstod ønsket om en lille bygning i træ omkring tro og fællesskab. En bygning, der groede af Ordet.

Og sådan også med menigheden i Gedser. Det begyndte med Ordet. Menigheden var i forvejen samlet om Ordet. Man måtte køre eller gå til kirke i Gedesby for at fejre gudstjeneste, før man fik egen bygning, som jo nu har stået i 100 år. 100 år med en samlet menighed. 100 år med nye mennesker, der er kommet til og er gået bort.

Vi, der nu har den glæde, ære og tilfældighed at kunne fejre og mindes et så rundt jubilæum, kan nok føle os fremmede og moderne i forhold til falmede billeder og støvede protokoller. Der er dog ingen grund til at tro, at vi ikke ligner dem fra dengang. Vi kender godt nok ikke længere pastor C.C.V. Looft, Førstelærer og kirkesanger Johannes Dibbert, Trafikassistent R.G.E. Bandholtz, Stationsforstander Veibel og hustru eller Fru slagtermester

5

Rachel Sønderup, men de navne går igen i alle skrivelser vedrørende kirkens tilblivelse helt fra 1907 til 1915. Vi mindes dem med taknemmelighed for det vedholdende arbejde de, og mange andre, lagde for dagen, dengang ord og ønske skulle blive til sten og virkelighed. Og hvis vi nu, uden at nævne navne, tænker efter eller kigger rundt på kirkebænkene en søndag formiddag, så genkender vi nok alle de mennesker, der på den ene eller anden måde også den dag i dag virker til fælles bedste og holder vores lille samfund oppe.

En særlig tak til medlemmerne af Menighedsrådet, der nu i mange år trofast og forudseende har afsat tid i mødekalenderen og penge i budgettet til det nye orgel og den nødvendige istandsættelse af murværk, tag og tårn.

Drømmen om den fejlfri kirke

Drømmen om den fejlfri kirke – intet mindre. Det var Peder Vilhem Jensen-Klints mål, da han i 1914 overtog forslaget til kirke i Gedser fra arkitekt Carl Andersen. Og meget tyder på at med denne lille perle af en bygning, blev målet nået. Den regnes for ét af hans bedste værker. Selv skriver den stridbare herre i 1915 i et brev til menigheden, at han har været "taknemmelig for den tillid" man viste ham. Han måtte dog også formane og minde om, at han, arkitekten ønskede at blive taget med på råd. Også om det indvendige. Og om de mindste detaljer. I et brevkort fra august 1914 skriver Jensen-Klint således til bygherren: "Jeg beder Dem meget at intet – heller ikke Orgelfacaden – må gå mig forbi: Selv om man ikke ser meget af Mandens Skjorte bør den dog være ren". Ja, selv det næsten skjulte som et orgel gemt af vejen oppe på pulpituret, havde Jensen-Klint en mening om. Linjerne skulle være rene, overfladerne skulle stå klare. Og for at præsten ikke skulle fylde for meget i arkitekturen, havde Jensen-Klint oprindeligt tænkt sig, at præsten skulle gemmes af vejen, og sidde på et særligt klapsæde på vej op ad trappen til prædikestolen. Det endte dog med den nydelige tronstol, vi bruger i dag. Skruehuller og lister ses dog stadig på et af trappetrinene.

En fejlfri kirke til mennesker, der gerne må komme til kirke med alle de fejl de kan bære. For ét er altså bygningen, den smukke skal, noget andet er menneskene den er bygget op omkring: Menigheden, der søn- og helligdage kan falde ind på bagerste række og sidde i det rolige rum; os, der gennem årene har haft så mange gode minder herfra eller er blevet opbygget og trøstet af Ordet her.

Gule sten og Skagen-hvidt

Vi kommer måske ikke alle sammen hver søndag, for vi fejrer jo slet ikke gudstjeneste her hver søndag! Men vi kender alle den fine, gule bygning i den lange, lige gade. Vi kan se den fra bakken lige før byen, og vi ser den fra havet, når vi ankommer med færgen. Den gule farve har den fælles med Skelby Kirke. Mågerne sørger for Skagen-hvidt på toppen af tårnet og ordene fra altertavlen i Gedesby Kirke er blevet til en livfuld fresko i apsis i Gedser Kirke.

Men i begyndelsen var altså Ordet. For øverst oppe over korbuen, før freskoen blev malet i juli 1925, stod et skriftbånd: "Jeg er Vejen og Sandheden og Livet". Det er nu for længst kalket over, ligesom det i sin tid også var planen at kirkens gule sten skulle kalkes over med hvidt.

Ordene om at følge Vejen er modtaget af mange. Den første dåb i Gedser Kirke var søndag den 20. juni 1915, hvor den tre måneder gamle Inger Erna blev båret frem for menigheden og døbt. Det længstlevende dåbsbarn fra indvielsesåret besøgte såmænd Gedser Kirke i 2010. Alfred Leo Jørgensen blev døbt 2. Juledag 1915, og fik ved gensynet med døbefonten en mundtlig invitation til jubilæet. Alfred sov dog stille ind i 2012, næsten 97 år gammel.

Hundrede år længere væk – hundrede år tættere på

Her i det Herrens år 2015, i Hendes Majestæt Dronning Margrethe den 2.s 44. regeringsår døber vi stadig i Gedser Kirke. Vi fejrer konfirmation og vielse. Vi bisætter vore døde og holder gudstjeneste på det ord, der er

indmuret bag de tre grundsten: "Ingen kan lægge en anden grundvold end den, der er lagt, Jesus Kristus".
Vi kan altid spørge: Er vi mon ligeså troende, som de var det for hundrede år siden. Er vi mon ligeså velkomne indenfor som de andre. Er kirken nu også for os, eller skal man tilhøre en særlig hellig skare. Gik de mon mere i kirke i gamle dage, og er kirkegang ikke noget, der hører fortiden til?

Enhver tid må fortolke og prædike på ny. Enhver tid må stille spørgsmål og søge svar. Enhver tid vil sikkert spørge: Hvad kan det nytte? Og hver gang må svaret lyde: Spørg hellere, om det er sandt. Ja, det er sandt, at vi også i dag prædiker på den samme grundvold, Jesus Kristus. Ja, det er sandt, at det glædelige budskab, Guds kærlighed, åbenbaret i Jesus Kristus, også lyder til os i dag. Ja, det er sandt, at vi prædiker, at Han stod ud af graven Påskedag; at Han med udbredte arme – som på freskoen i apsis – velsigner og tager imod det søgende og sønderbrudte menneske, der i tro og længsel tager imod Hans kærlighed og Ånd.

Ja, det er sandt, at nogle vil sige, at i gamle dage der var rigtig kirkegang til. Men det er ikke sandt. Lige siden de dage, hvor Johannes Døberen råbte i ørkenen, hvor Paulus talte på Areopagos eller hvor biskop Monrad drog rundt på visitatser på Lolland og Falster, har der lydt opfordringer og jammer over tomme rækker. Og vel skal vi gå i kirke. Vel skal vi støtte hinanden i håbet, vel skal vi høre Ordet, men kirken skal altid stå med overskud. Kirkerummet skal altid have plads til den ventede, til dén, der først må have et vist tilløb. For troen handler om afgørelse, om stædighed og om mod. Troen handler om at høre Ordet. Ordet går også mellem mennesker uden for kirkerummet. Over køledisken i Brugsen. Over hækken til naboen eller i bussen til Nykøbing. Ikke alle ord gavner vel lige meget. Derfor har vi kirken ved vejen, til sandheden og livet.

"Kom, thi nu er det beredt!" – som inskriptionen lyder på kirkeklokken i vores kirke. Festen fortsætter. Vi er nu hundrede år tættere på Kristi genkomst!

Lidt om Gedser Kirkes historie

af Kim Grützmeier

Gedser Kirke indbyder til fotografiske eksperimenter. Som her i modlys. Og i close-up, der viser kirkens nye tag og udskiftede mursten. Fotos: gahr, 09.03.2015

Indtil 1886 var Gedser blot et lille fiskerleje med ganske få huse. I 1886 skete der noget epokegørende, idet der blev etableret skibsforbindelse til Tyskland, men i 1903 oprettede Statsbanerne færgeforbindelsen med over-førsel af togvogne til Warnemünde, og dette satte for alvor skub i udviklingen.

Gedser blev Danmarks vigtigste udfaldsport til kontinentet, og i løbet af ganske få år skete der en eksplosiv befolkningstilvækst, da jernbanen og færgeforbindelsen krævede, at tjenestemænd bosatte sig i byen. Befolkningstallet voksede hurtigt til over 1000 indbyggere, og dette førte til planerne om få bygget en kirke i byen, da den nærmeste lå i Gedesby 3 km nord for Gedser.

Gedesby Kirke (gotisk, opført ca. 1300). Foto: gahr

Skelby er det gamle hovedsogn. Gedesby og Gedser er nu selvstændige sogne. Tårnet på Skelby Kirke er romansk teglstensbygning fra 1200. Skib og kor er fra midten af 1800 tallet, da godsejer Tesdorpf rev den gamle kirke ned og byggede den nuværende kirke i gule sten. Foto: gahr

I 1907 blev pastor C.C.V. Looft sognepræst i Skelby og Gedesby. På hans initiativ blev der nedsat en kirkekomité og der indledtes forhandlinger med ministeriet.

Medlem af denne komité trafikassistent Bandholtz, senere stationsforstander i Horsens, skænkede grunden, og ved indsamling og basar fik man samlet en vedligeholdelsessum på 3.000 kr. til veje, og efter ansøgning blev der 1913 bevilget 25.000 kr. på Finansloven.

Tegningerne blev udarbejdet af arkitekt P.V. Jensen-Klint. Der senere skulle blive berømt som Grundtvigkirkens arkitekt.

Resultatet blev den smukke og særprægede kirke i gule sten, 19 m lang og 11 m bred, bestående af skib og kor med rund apsis, samt et 18 m højt, slankt tårn, der vender mod øst – hvad der er lidt udsædvanligt! Loftshvælvingen i træ må siges at være meget speciel og ligner et skib, der ligger med bunden i vejret – sikkert inspireret af byens havnære beliggenhed.

Kirkens bygmester var den lokale murermester Hans Andersen, som jeg (Kim G.) tydeligt husker, da han boede lige over for mit barndomshjem på Strandvej 11. Desuden medvirkede tømrermester Thorup.

Grundstenen blev lagt lige før 1. Verdenskrigs begyndelse med deltagelse af biskop Wegener, pastor Looft og tømrermester Thorup.

Snestorm på indvielsesdagen

Byggeriet gik forbavsende hurtigt og Palmesøndag den 28. marts 1915 blev kirken indviet af biskop Wegener under overværelse kulturminister Kejser Nielsen, stiftamtmand Oxholm, stiftsprovst Kemp, provst Brandt og naturligvis P.V. Jensen.

På grund af snestorm var mange indbudte honoratiores dog hindret i at nå frem.

Det skal lige nævnes, at byggeriet gik gnidningsløst, for P.V. Jensen-Klint kunne være vanskelig at samarbejde med, og undertiden kunne stridigheder med håndværkerne føre til sagsanlæg.

Gedser Kirke regnes i øvrigt for et af P.V. Jensen-Klints meste helstøbte værker, ikke mindst fordi han har sat sit præg på udformningen af inventaret, der bærer præg af hans forkærlighed for geometriske mønstre og enkelhed.

Til indvielsen af Gedser Kirke var også Kong Christian den 10. inviteret. Kongen var imidlertid forhindret, muligvis grundet snestormen i de dage. På selve dagen, *Kl. 5.53 Eftermiddag,* indløb imidlertid 19 ord til Telegrafstationen i Gedser:

"Mine bedste Ønsker til Deres Kirkes Indvielse og min Tak og Genhilsen til Forsamlingen".
Christian R

Grundstenen nedlægges den 26. maj 1914. *Den første sten lægges af biskop C. Wegener, den anden af præst Looft, den tredje af tømrermester Thorup. Foto er opbevaret på Gedser Lokalhistoriske Arkiv.*

Arkitekt P.V. Jensen-Klint

P.V. Jensen-Klint. Foto: Commons.wikipedia.org.

Peder Vilhelm Jensen Klint (1853-1930) var dansk arkitekt, møbeldesigner og maler. Han tog afgangseksamen som bygningsingeniør fra Polyteknisk Læreanstalt 1877. Hernæst fortsatte han på Kunstakademiets malerskole, hvor han gennemgik alle malerskolens klasser til 1885 uden at tage afgangseksamen. Han forsøgte sig først som kunstmaler med mennesker, natur og bygninger som foretrukne motiver. Men han måtte til sidst opgive håbet om at ernære sig som kunstmaler og fik beskæftigelse ved ingeniørarbejde – bl.a. som assistent hos Stadsingeniøren i København 1890-97. I 1891 rejste han til Italien og senere til England 1910. I 1898 blev Klint med gymnastikhuset på Vodroffsvej, Frederiksberg, optaget i Akademisk Arkitekt Forening.

I 1907 indførte Danmark metersystemet og milepælene blev erstattet af kilometersten i granit. På Statens anbefaling anvendte flere amter en type tegnet af arkitekt P.V. Jensen-Klint. Ved Gl. Landevej nord for Skelby står en af Klints kilometersten.

*Tallet **18** og angivelsen **km** var oprindeligt fremhævet med rød maling. Nu er der så lidt tilbage af den røde farve, at en sort/hvid foto-gengivelse faktisk gør det lettere at tyde indskriften på stenen. I 1970erne blev kilometerstenene langs landeveje afløst af plaststolper for hver 200 meter.*

Foto: gahr, 09.03.2015

Bortset fra de forudsætninger Klint havde som bygningsingeniør for arkitektonisk arbejde, tilegnede han sig sine erfaringer ved selvsyn. "Vore gamle Herregaarde, Kirker og kraftige simple Barokhuse har været mine bedste Læremestre."

Bien – også kaldet "suppeterrinen" - på Trianglen i København er tegnet af Jensen-Klint.
Bygningen er i dag fredet. Foto: Leif Jørgensen, Wikimedia Commons.

Sin største indsats som arkitekt kom Jensen Klint til at yde som kirkebygmester. På grund af opgavens mindre sammensatte karakter kunne hans kunstneriske fantasi, religiøse følelse og hans skabertrang få et friere afsæt her end ved det borgerlige byggeri.

Hovedværket er Grundtvigskirken (1920-40) – med inspiration fra dansk barok i **Anna Kirke** på Nørrebro, Kbh. (opført i 3 etaper 1914, 1921 og 1928), **Gedser Kirke** (1914-15) og **Fredens Kirke** i Odense (1916-20).

Anna Kirke, Bjelkes Alle på Nørrebro, København. Sankt Stefan-Anna Pastorat.
Foto: Ib Rasmussen, Wikipedia.

Med Gedser Kirkes placering ved havn og hav var det P.V. Klints intention, at kirketårnet samtidig skulle fungere som sømærke. Foto: gahr

Fredens Kirke i Odense er endnu et eksempel på variationer over sengotiske blændingsgavle. Foto: Wikimedia Commons.

Grundtvigskirken på Bispebjerg blev pågyndt 1920 og hele kirken indviet 8. september 1940.
P.V. Jensen-Klint og hans hustru Mathildes urner er indmuret i Grundtvigskirkens våbenhus.
Foto: GNU Free Documentation License, commons.wikipedia.org

Indgangsportalen til Gedser Kirke er et af Klints forstudier til det senere byggeri af Grundtvigskirken. I
Gedser er der en detaljeforskel i de yderste mørke mursten. Foto: gahr

Først Carl – siden Klint

I historieskrivningen er det så afgjort navnet Klint, der forbindes med Gedser Kirke. Men reelt var det arkitekt Carl Andersen, Nykøbing F., der i starten alene fik opgaven at tegne Gedser Kirke.

Carl Andersen havde imidlertid rigeligt at se til og foreslog projektet gennemført med en assisterende arkitekt. Han pegede på P.V. Klint, der lokalt havde gjort sig bemærket ved opførelsen af Ourupgård Godsforvalterbolig 1905-07 på Falster. Ourupgård var ejet af den indflydelsesrige Tesdorpf-familie.

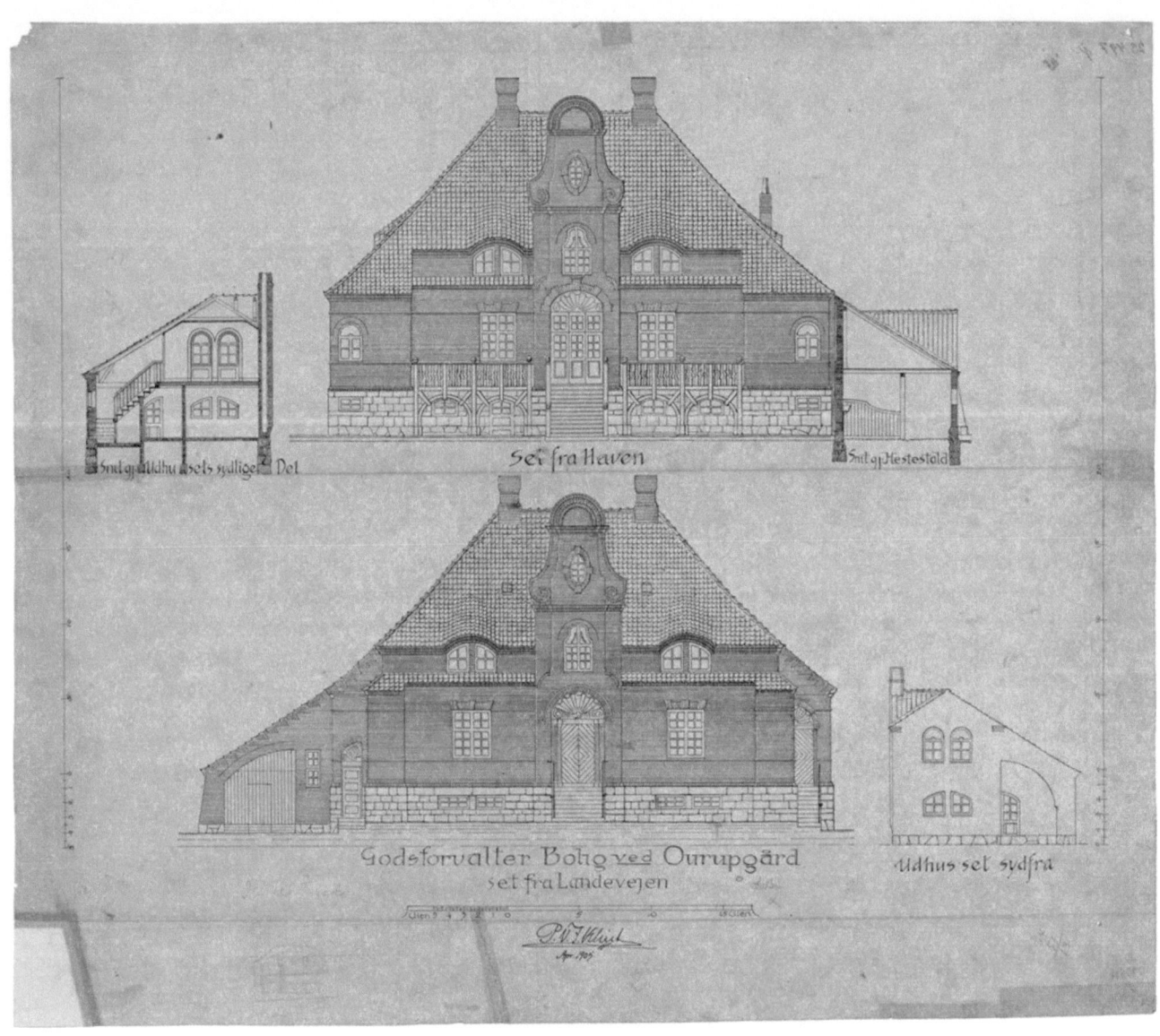

Ourupgård, Godsforvalterbolig - 1905 - 1907. P.V. Jensen-Klint.
Udlånt af Danmarks Kunstbibliotek, dkb@kunstbib.dk

Partnerskabet mellem Carl og Klint beskrives i nedenstående uddrag fra arkitekternes fagblad, anno 1915. Her får vi med P.V. Klints egne ord skildret arbejdsfordelingen, Klints visioner om kirken som sømærke, finansieringen af byggeriet af Gedser Kirke, hvor statstilskuddet som Klint anfører "var større end sædvanlig paa Grund af det store Antal Banefunktionærer, som har Bolig i Gjedser."

"GJEDSER KIRKE

Arkitekt Carl Andersen, Nykjøbing Falster, har tidligere udarbejdet Beliggenhedsplan og forskellige Grundplaner. En af disse blev delvis benyttet, dog noget rigere i Udformningen. Planen er symetrisk. Til Vaabenhuset slutter sig paa den ene Side Taarnet, paa den anden Side Venteværelset. - I Indgangsfacaden bliver da Taarnet halvt indbygget i den ene Side af Kirkens Gavl, saaledes som det nu ofte er Skik efter Forbillede fra mindre italienske Kirker.

Taarnet vender Ansigtet i Syd og kan forhaabentlig ses i stor Afstand ud over Søen. Det er 30 Alen højt. Lange lodrette Lisener og Blændinger fremhæver den opadgaaende Rejsning. Kirkeskibet er 23 Alen langt, 15 Alen bredt og afslutter med en halvrund Apsis.

Kirken er bygget af meget lyse Sten og Teglhængt. Hovedmotivet i det Ydre er i øvrigt en højtsiddende fuldstændig omløbende Vinduesfrise, der i Korrundingen dog er erstattet med Blændinger. Kirkeskibet er indvindig overdækket med en spidsbuet Tøndehvælving af uhøvlede Brædder befæstede over Plankebuer, én for hvert Fag. Korrundingen er dækket med en muret Halvkuppel, som venter paa sin Freskodekoration.

(..)

Der kunde være gode Grunde til at lægge ned mere Vægt paa Kirkens Virkning ude fra Havet og gøre den udpræget dansk. Man kunde have bygget hele Kirken taarnagtigt i to Etager, saaledes f.Eks. som Hovedpartiet i Annas Kirkesal. Dette kunde sikkert have gjort for samme Byggesum, og om Taarngavlene vendtes i Syd og Nord kunde Virkningen blive imponerende. Hvis ad Aare Hovedforbindelsen med Tyskland forlægges fra Falsters til Lollands Sydkyst håber jeg der at kunne virkeliggøre denne Plan.

Hovedarbejderne ved Gjedser Kirke udførtes med støtte af Haandværkere, Murermester Andersen, Tømrermester Thorup o.fl. Arkitekt Carl Andersen har ledet Arbejdet. Byggesummen var 28.000 Kr. , hvoraf 25.000 Kr. tilskødes af Staten, et Beløb større end sædvanlig paa Grund af det store Antal Banefunktionærer, som har Bolig i Gjedser."

P.V. Jensen – Klint.

Kilde: Gedser Lokalhistoriske Arkiv

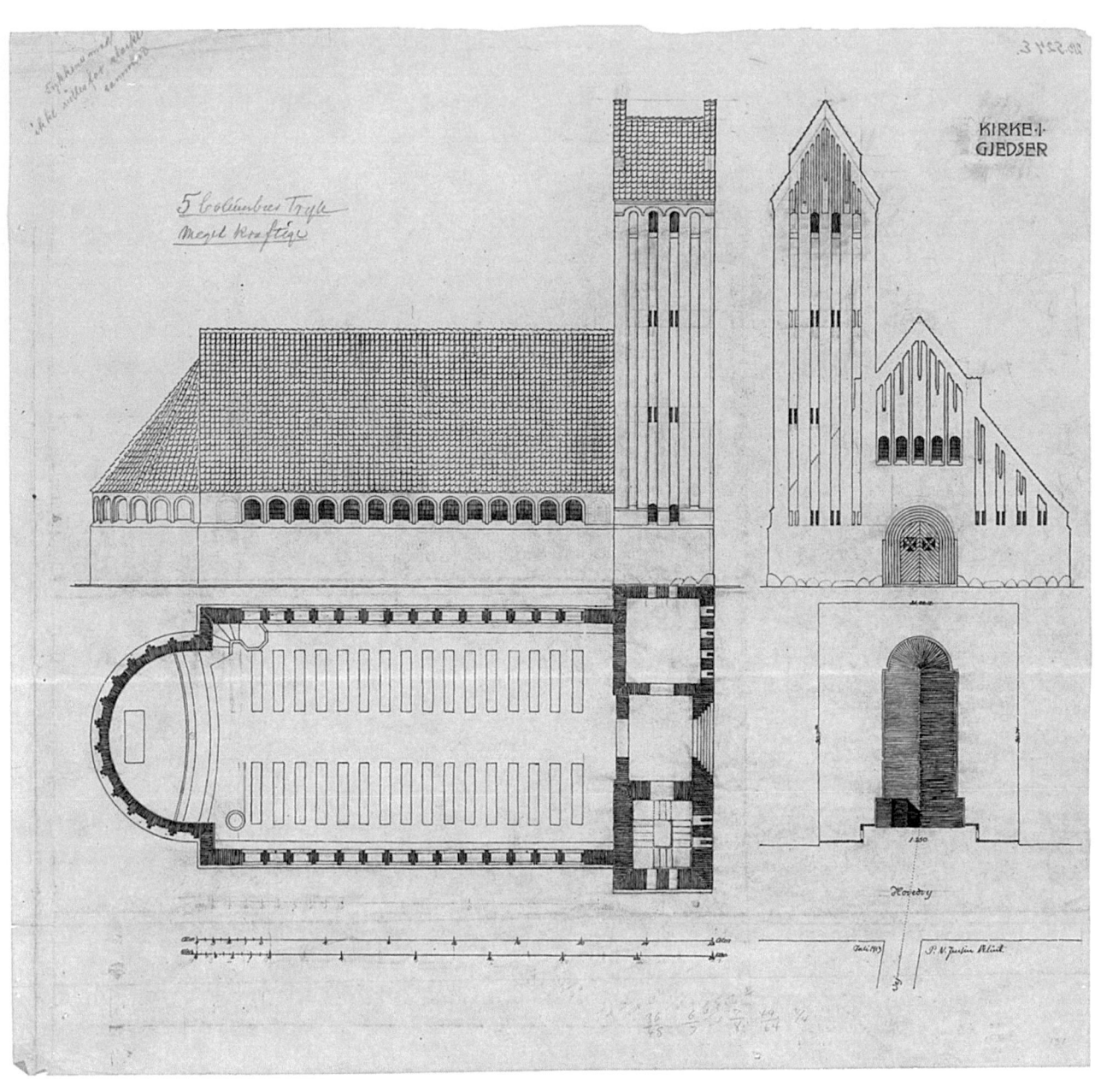

Gedser Kirke - 1913-14. P.V. Jensen-Klint.
Udlånt af Danmarks Kunstbibliotek, dkb@kunstbib.dk

Arkitekt Carl Andersen

Carl Andersen var til OL i 1906 som gymnast. Her er han dog sammen med et hold fra Nykøbing F. Roklub, der har slået et hold fra Maribo. Carl Andersen ses midt i billedet med højhalset sweater. Det skal ikke forstås således, at Carl Andersen er roer, men at gymnastikholdet var en del af roklubben.
Foto tilhører Falsters Egnshistoriske Arkiv, Nykøbing F.

Arkitekt Carl Andersen (1879-1967) dannede som sagt makkerpar med P.V. Klint om byggeriet af Gedser Kirke.

Carl Andersen tog afgangseksamen fra Odense Tekniske Skole 1900 og har været ansat hos flere københavnske arkitekter samt hos H.C. Glahn i Nykøbing Falster.

Fra 1909 frem til sin død drev Carl Andersen selvstændig virksomhed i Nykøbing Falster, fra 1940 sammen med sønnen, arkitekt Jørgen Friis Andersen (nu Arkitektfirmaet Friis Andersen A/S, Nykøbing F.)

Carl Andersen har blandt meget andet stået for byggeriet af **Slagelse Sygehus** (nu nedlagt), **Sakskøbing Politistation**, **Biografbygning** i Sakskøbing samt flerfamiliehuse på **Colbjørnsensvej, Neergaardsvej og Tietgensvej** i Nykøbing F.

Apsisudsmykning ved Elof Risebye

Da Gedser Kirke blev bygget, var der ikke penge til at gøre noget ved korbuen, men ved hjælp af indsamling og gaver blev der i 1924 - på Klints råd - midler til at engagere en dengang ung og ukendt maler, den senere kunstprofessor Elof Riseby. Iflg. Elof Risebye er motivet baseret på samme skriftssted som for altertavlen i Gedesby Kirke, Johs. 3,16 "Således elskede Gud verden, at Han gav sin søn, den enbårne..."
Freskoen blev renset for 10 år siden, da den var meget snavset på grund af vokslys og kulstøv, så farverne kom til at stå klart og tydeligt. Fotos: Hideko Bondesen - http://www.nordenskirker.dk/

Kirkeskibet fra omkring 1923 er en gave fra den daværende overfartsleder I. C. Petersen.

*Elof Risebye er kendt som "**painter of grief**" (sorgens maler), eftersom dødens symboler ofte indgår i hans værker. Foto udlånt af Danmarks Kunstbibliotek.*

Elof Christian Risebye (1892 – 1961) blev født på Frederiksberg og flyttede som 8-årig med familien til USA, hvor han 1910-1912 var elev på Art Institute of Chicago. Efter hjemkomsten til Danmark blev han optaget på Det Kgl. Danske Kunstakademi. Han har sammen med Joakim Skovgaard udført dekorationsarbejder i **Lunds Domkirke** og **bryllupssalen på Københavns Rådhus.** Blandt hans senere værker kan nævnes **kalkmalerier i Vejby Kirke** (Randers), **Skt. Markus Kirken** (København) samt mosaikkerne på **Det Kgl. Teaters tidligere ny scene** (1933-39). Han var ansat lærer på Kunstakademiet Dekorationsskole og med årene udnævt docent (1945) og professor (1949).

Elof Risebye har modtaget flere hædersbevisninger, bl.a. Eckersbergmedaljen (1942) og Thorvaldsenmedaljen (1952).

Syvarmet Lysestage og døbefont

Foto: Hideko Bondesen - http://www.nordenskirker.dk/

P.V. Jensen-Klint er også kunstneren bag den 50 kg tunge Syvarmede Lysestage i Gedser Kirke. I øvrigt står en kopi af samme i Grundtvigskirken.

Hjemmesiden **skelby-gedesby-gedser.dk** giver flg. udmærkede beskrivelse af lysestagen:

> Her er det gamle jødiske symbol blevet til en stærk Kristusforkyndelse: Fra den korte træstammeligende fod stiger i spidse vinkler de skrå grene, livstræet, men udfyldt af lodrette og vandrette linjer, der danner større og mindre kors. Så man fornemmer tanken: "Påskemorgen, da Herren opstod, da livstræet fæsted i graven rod."

Både den syvarmede og de to enkeltstager er i messing.

22

63

muligvis lægger Vægten paa de forkerte Steder og, hvis det kniber med Pengene, maaske stryger det, det kommer an paa.

Og vi kom bort fra den store Fejltagelse, at andre skal gøre det for ham.

Hvilken Lykke, om Bygmesteren i den stille Vintertid kunde lægge den Alen til sin Væxt, som baade han og hans Huse trænger, ikke i Højden, men i Bredden og Dybden.

Jeg tænker mig, at om de rette Folk kom til at lede et saadant Kursus, vilde der blive Trængsel i Gaden for at komme i Skole, og ikke een Streg vilde blive trukken i det Blaa, Alt, Alt var den rene Virkelighed.

Ja, sandt at sige er der en begavet Bygmester, der har begyndt at hjælpe sine Kolleger paa den Maade, men han vil tillige, at de unge Elever paa hans Skole skal søge at løse de samme virkelige Opgaver, som han selv eller de andre Bygmestre arbejder paa, at hele Undervisningen kan faa det samme usvigelige Grundlag af Virkelighed, som dengang, vi endnu ingen Bygningsskoler havde nødig, men Mester med Svend og Lærling arbejdede sammen — paa Tegnebrædt, i Værksted og paa Byggeplads. ───────────

NYTAARSDAG 1911.   *P. V. JENSEN KLINT.*

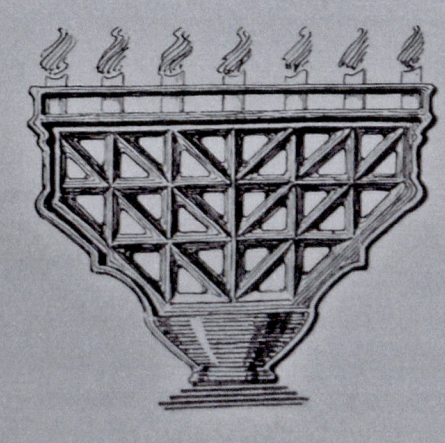

I bogen "Bygmesterskolen", udgivet af Gyldendalske Boghandel i 1911, har P.V. Jensen-Klint indsat hvad må betegnes som en skitse eller arkitektonisk idé til den senere Syvarmede Stage i Gedser Kirke.

Den smukke døbefont har skolebørnene i Gedser været med til at samle ind til. Døbefonten er tegnet af P.V. Jensen-Klint og udført i bornholmsk granit. Dåbsfadet i kobber er ligeledes udført af P.V. Jensen-Klint. Derimod er der tvivl om kanden også er tegnet af Klint.

Som det fremgår af foto, er kirken i slutningen af januar 2015 præget af, at det gamle orgel bliver udskiftet med et nyt. Stort set hvert et hjørne af kirken er depot for det nye orgels tusindetallige dele. Således er døbefonten omgivet af orgelpiber i alle størrelser og materialer.

Skelby og Gedesby Kirker varetager sognets gudstjenester og andre kirkelige handlinger, mens orgelbyggeriet i Gedser Kirke færdiggøres.

Nyt orgel opbygget fra grunden
af Kim Grützmeier

Det nye orgels klokkespil testes af menighedsrådsformand Kim Grützmeier og pressefotograf ved Folketidende Anders Knudsen. I forgrunden ses de store orgelpiber i mahogni med pibefod i egetræ. Foto: gahr, 27.01.2015.

Gedser Kirkes Frobenius-orgel fra 1934 var udskiftningsmodent. Gennem længere tid "lystrede" det ikke organistens ordrer, og der kom undertiden besynderlige og umotiverede toner til stor frustration for såvel menighed som organist. Frobenius-orglet blev kasseret i 2008 og midlertidigt erstattet med et klaver.

I flere år var der blevet sparet sammen, men det stod klart, at et lån i Stiftet var nødvendigt. For et kvalitetsorgel, som det vi nu har fået installeret, koster omkring 3 mio. kroner. Vores ansøgning om lån blev en lang bureaukratisk proces, da sagen skulle forelægges diverse instanser og konsulenter.

Tidligere domorganist i Haderslev Domkirke, Svend Prip, har under hele forløbet været vores konsulent. Svend Prip anses for en af Danmarks ypperste orgelspecialister, så vi har været i gode og trygge hænder. Det var i øvrigt ikke nogen let opgave at vælge, hvilket orgel vi skulle have, så i 2012 tog vi på endags orgelstudietur for at få inspiration og mere viden. Året efter i 2013 begyndte projektet at tage form, og arbejdet kunne gå i gang. Vores kirkeværge i Gedser, Torill Hetting, har trukket det store læs og gjort en utrættelig og ihærdig indsats – stor tak for det!

Et orgel, også kaldet "instrumenternes dronning", er et yderst kompliceret instrument, der består af tusindvis af dele: Der er således ikke mindre end 812 forskellige orgelpiber, pedaler, manualer og klaviaturer, hvilket giver muligheder for utallige, nærmest uendelige variationer i det musikalske udtryk. Tankevækkende er det, at "teknologien" er ganske gammel – den er faktisk ikke ændret gennem de sidste 5-600 år. Alt er håndarbejde, præget af stor præcision og specialviden.

Længere holdbarhed end et digitalt orgel

Et orgel, som dette Gedser Kirke nu har fået, kan holde i flere hundrede år, hvis det plejes rigtigt. I den sammenhæng er det værd at lægge mærke til, at de "nymodens" digitale orgler ofte kun holder i 10-15 år, da teknologien, printplader m.v. er meget følsomme over for temperatursvingninger.

Det har taget orgelbyggerfirmaet P. G. Andersen og Bruhn omkring et halvt år at bygge orglet, og 4-5 uger at sætte det op i kirken. Til sidst blev orglet intoneret, og det er virkelig et specialistarbejde. Dette arbejde stod orgelbygger Paul Hansen, Jyllinge, for. Svend Prip var også forbi for at lytte under dette arbejde og var meget tilfreds med resultatet.

Til ære for det nye orgel har vi fjernet de brune hynder på kirkebænkene, fordi de ville ødelægge lydbilledet ved at absorbere og forvrænge lyden på uheldig vis.

Et orgel af denne karat giver også muligheder for koncertarrangementer til glæde for såvel Gedsers borgere som for turister.

Orgelbyggere Harry Toft (tv) og Jesper Trap holder en velfortjent kaffepause, mens de svarer på spørgsmål fra Folketidendes journalist. Foto: gahr, 27.01.2015

Fotograf Poul-Henrik Bergmann har foreviget orgelbyggeriet i Gedser Kirke fra stort set alle vinkler og afstande. Her har vi fornøjelsen af at bringe et mindre udvalg af hans meget smukke billedserie.

PH Bergmann Fotografi. Specialer: Reportager, landskaber, interiør, motorsport og WEB. +45 2012 4000

Barsk klima slider hårdt på Kirken

I 1967 og 1982 fik Gedser Kirke udskiftet mursten i kirketårnets vestvendte side.
Det samme var også tilfældet i 2014-15.

Sydfalster Nyt, 40, 1982:
"Gedser Kirke er ved at få udskiftet nogle af murstenene i den øverste del af tårnet. Vejr og vind
har gennem årene slidt på stenene og der har været en del frostskader, så de er smuldret væk.
Der bliver i år udskiftet omkring 1000 sten. For godt 15 år siden blev der også skiftet nogle sten,
men det var ikke ret mange. Det er Frede Christensen fra Væggerløse, der står for udskiftningen
af de mange sten. Ud over reparation er det også nødvendigt at kalke tårnet indvendigt, da en
del regn er gået igennem muren."
Avismateriale leveret af Gedser Lokalhistoriske Arkiv.

Renovering af Gedser Kirke, 2014-2015

af Kim Grützmeier

1.500 sten i tårn og på murkamme blev udskiftet i perioden 2014-15. Foto: gahr, 17.01.2015

Allerede for flere år siden stod det klart, at Gedser Kirke trængte stærkt til en gennemgribende hoved-renovering af murværket, og taget var i høj grad også udskiftningsmodent. - Det havnære klima havde sat sine dybe spor og flere steder smuldrede murværket.

Menighedsrådet havde gennem en årrække sparet sammen til dette projekt, men det blev hurtigt klart, at der skulle en bevilling fra Lolland-Falsters Stift til, før det kunne iværksættes. Først skulle vi imidlertid have godkendelse fra såvel Kgl. Bygningsinspektør som Nationalmuseet, der er meget interesseret i kirken, da den regnes for et af P.V. Jensen-Klints hovedværker.

Vi fik hurtigt godkendt projektet og fik et lån på 2 mio. til formålet og så gik vi ellers i gang. I foråret 2014 antog vi ETN Arkitekter ApS i Nykøbing F. som rådgiver for at få udarbejdet det endelige, konkrete projekt.

I begyndelsen af juni 2014 blev der afholdt licitation, som blev vundet af entreprenørfirmaet Troels Jørgensen A/S i Kettinge.

Et par uger senere gik byggeriet i gang. Der blev rejst stillads og det gamle tag fjernet.

Efter den oprindelige tidsplan skulle arbejdet have været afsluttet inden 1. søndag i Advent, men sådan kom det ikke til at gå: Det viste sig hurtigt, at meget murværk var i en meget dårlig stand, og der måtte således udskiftes omkring 1.500 sten i tårn og på murkamme, der var helt forvitrede og måtte mures op fra bunden.

Undervejs dukkede der også en rådskade op, men det blev hurtigt klaret, selv om Nationalmuseet lige skulle ind over. Heldigvis var spær og træværk ellers i meget fin stand.

Kamtak ved tårn med tidligere blændet skorsten havde mange skårede sten samt porøst murværk. Fotos tilhører ETN Arkitekter ApS, Nykøbing F.

Kamtak mod hovedgaden havde mange ukurante hulsten, skårede sten og porøst murværk.

Angreb af råd og svamp i rygning på apsis.

31

Angreb af råd/svamp på apsis.

Placering af spær ved tårn giver for lidt plads til understrygning af tagsten. Der er samme problem ved gavle og kamtakker. Fotos tilhører ETN Arkitekter ApS, Nykøbing F.

Prøveoplægning af tagsten. Foto tilhører ETN Arkitekter ApS, Nykøbing F.

På grund af de uforudsete reparationer blev færdiggørelsen udskudt omkring 3 uger, men den 22. december var taget på plads og den 24. december kunne der holdes julegudstjeneste i kirken. Under hele byggefasen fulgte vi processen tæt og der blev afholdt byggemøder hver anden uge, så vi har brugt en del tid på alt dette.

Alt i alt har vi haft et fint samarbejde med såvel entreprenør som arkitekt, og vi er meget tilfredse med det færdige resultat.

Kirkens forplads blev renoveret for nogle år siden i forbindelse med byfornyelsesprojektet i Gedser. Guldborgsund Kommune var involveret, men vi måtte have Stiftet, Kgl. Bygningsinspektør, Nationalmuseet med på råd, da kommunens projekt ikke faldt i god jord. - Det skal her lige nævnes, at der er brugt bornholmsk granit og ikke kinesisk som tilfældet er på domkirkepladsen i Ribe!

Gedser Kirke bliver i dag opvarmet ved fjernvarme. Førhen blev der tændt op i en kamin forud for gudstjenesten. Søndag den 9. november 1941 var kirkens kamin årsag til et større drama, da prædikant Biskop Ammundsen, Nykøbing, var nået et kvarter ind i sin prædiken.

Uhyggelig begivenhed i Gedser Kirke i går

Tolv personer besvimede under gudstjenesten. Flere blev dårlige af kulilte.

Vi springer imidlertid fra ovenstående avisoverskrift i Stifts Tidende direkte til Læge Ehlers Nutzhorns skildring af samaritternes indsats og betydning ved kulilteforgiftningen i Gedser Kirke:

"Søndag den 9. november 1941 indtrådte der på grund af en fejl i varmeanlægget en kulilteforgiftning hos et større antal mennesker i Gedser Kirke. Over tyve mennesker var mere eller mindre forgiftede.

Det er blevet mig fortalt, at forgiftningen først viste sig hos et 5 år gammelt barn. Dette blev ført ud af kirken, og man tillagde ikke tilfældet nogen betydning.

Derefter forlod en dame på grund af utilpashed kirken, og så pludselig faldt flere personer besvimede om.

Gudstjenesten blev da afbrudt og kirken blev hurtigt tømt.

En ung dame løb til min bopæl og fortalte, at der var en mængde syge i kirken. Jeg var da allerede klar over, at det måtte være en kulilteforgiftning og gav min kone, der er samarit, besked om så hurtigt som muligt at få sygeplejersker og samaritter hen til kirken og så selv også at komme.

Jeg kørte så til kirken og så ved min ankomst, at flere af de tilstedeværende heldigvis allerede havde begyndt at give de besvimede kunstigt åndedræt.

Jeg så, at der blev anvendt såvel Silvesters og Schäfers som Holger Nielsens metode. Varigheden var fra få minutter til ca. en halv time ved de sværeste ttilfælde, og jeg synes, det er rigtigst at fastslå, at selv om vi nu alle lærer Holger Nielsens metode, må man på ingen måde foragte de andre metoder. De mennesker, der kender en ældre metode, men har hørt, at der findes en bedre nu, må endelig ikke derfor undlade at benytte den metode, de kender.

(...)

Vi havde nu alle patienterne i behandling, og efterhånden som de vågnede op af bevidstløsheden, løftede hovederne op og så sig forvirrede om.

En af småpigerne fortalte mig senere, at da hun vågnede, blev hun forbavset over alt det grus, der var på kirkegulvet, så først blev hun klar over, at hun var uden for kirken og at hun var syg."

Samaritternes indsats på Lolland-Falster. 1989.
Beretningerne opbevares på Gedser Lokalhistoriske Arkiv.

Gedser Ligkapel
– tegnet af Jens Jørgensen, 1937

Gedser Ligkapel står i læ af kirken og de mange omkring-liggende huse.
Billedet øverst er fra 17. januar 2015 og billdet til højre er fra 9. marts, hvor stort set alle spor efter stillads, jernplader og maskiner er fjernet.

I 1937 udvidede Gedser Menighedsråd kirkens grund og lod opføre et ligkapel. Kapellet, der i stil svarer til kirkens, er tegnet af arkitekt Jens Jørgensen, København.

Det har ikke været muligt at indhente oplysninger om arkitekt Jens Jørgensen og hans øvrige bygningsværker. Til gengæld har Gedser Lokalhistoriske Arkiv hans tegninger af kapellet opbevaret. Tegningerne, der i originalform optræder på et stort samlet ark, er her stykket op. Netop for at muliggøre et indblik i detaljen.

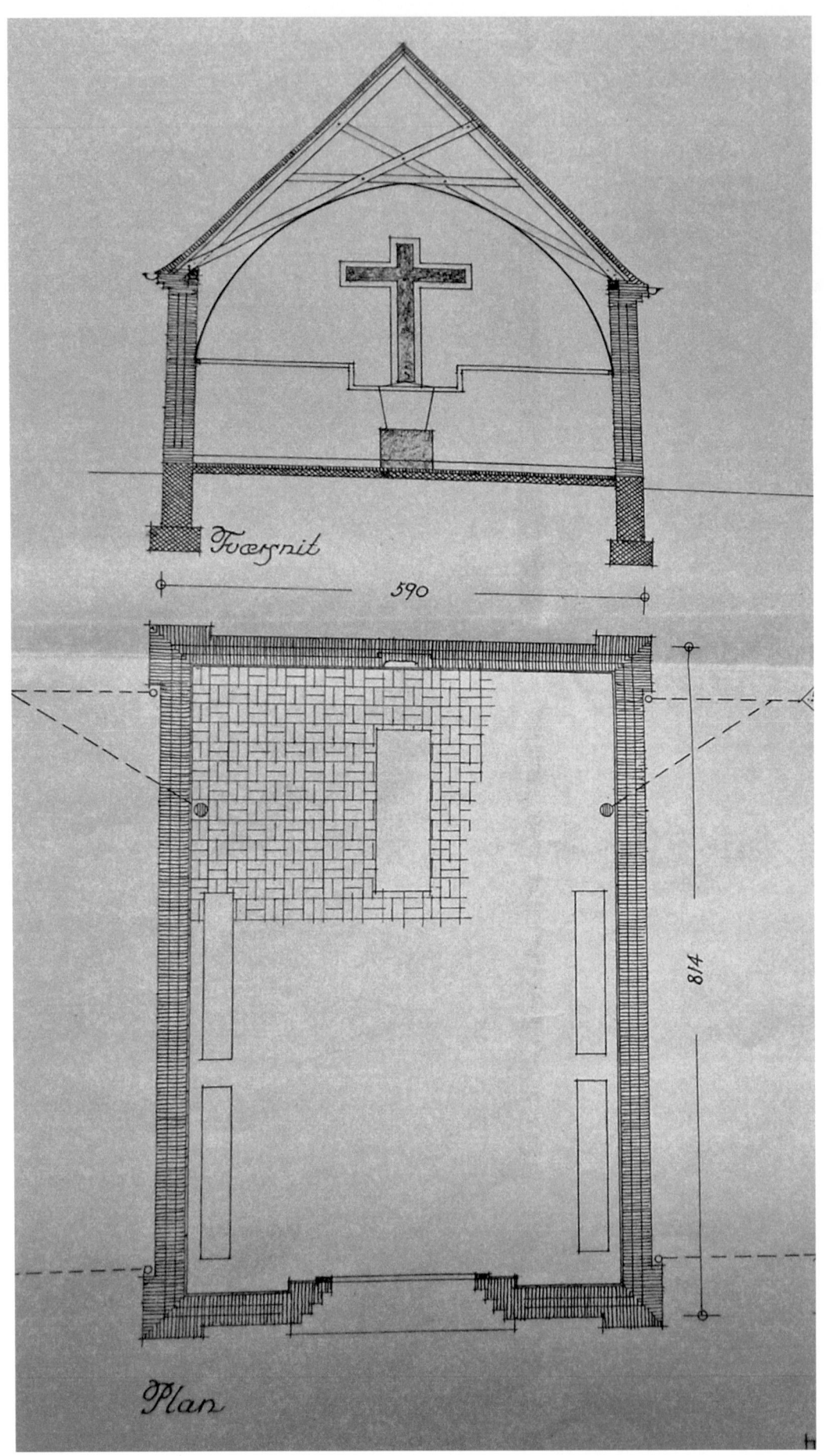

Tværnit

590

814

Plan

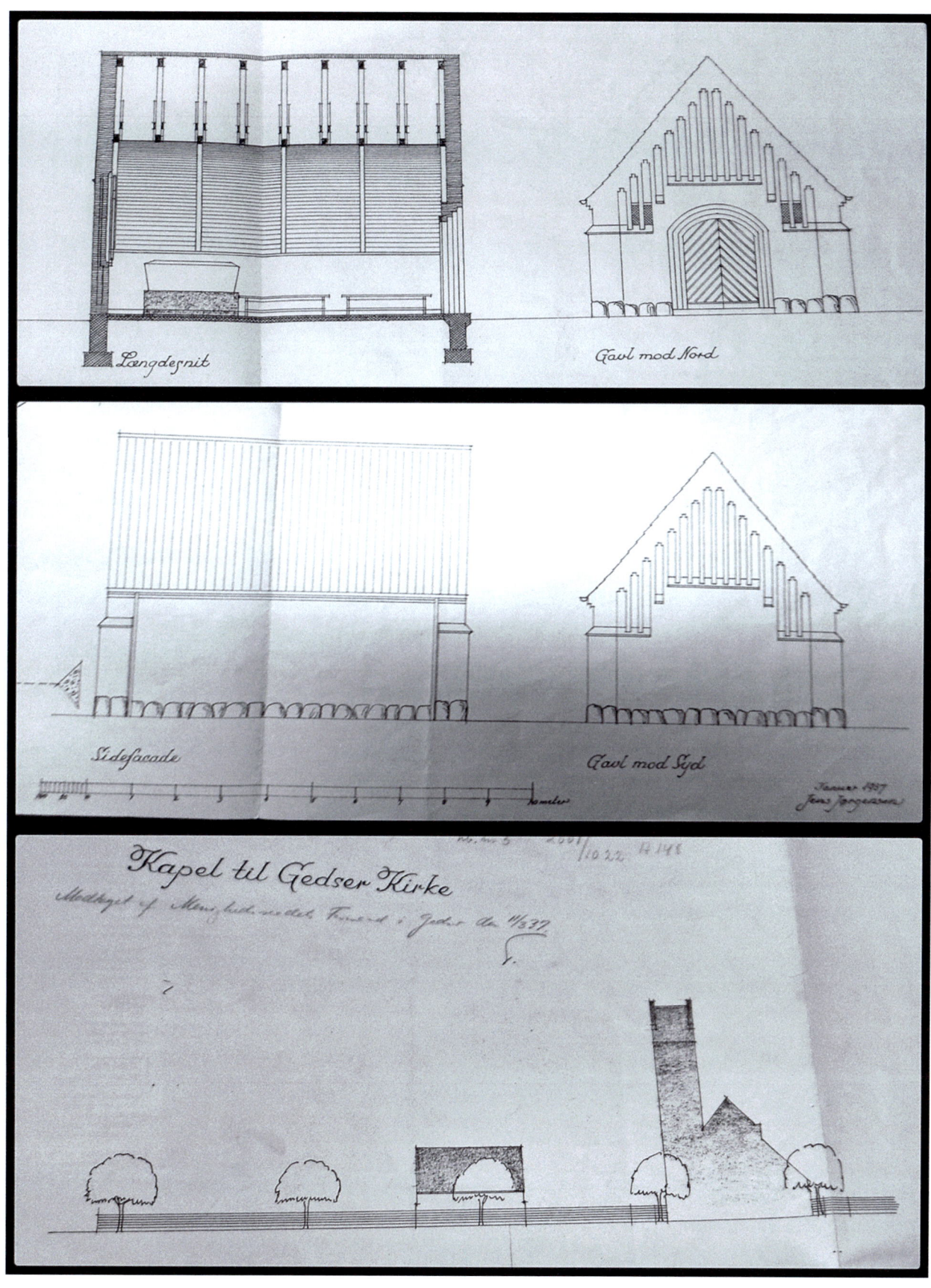

Gedser Kapel blev indviet Fastelavns Søndag 1938.

Gedser Kirkegård

af Kim Grützmeier

Kirkegården er anlagt ved Kildegårds Allé, godt 500 meter fra kirken.

Gedser Kirke blev som bekendt indviet i 1915, men de første mange år var Gedesby Kirkegård også begravelsesplads for Gedser. Problemet var, at det ikke var muligt at etablere en kirkegård i umiddelbar tilknytning til Gedser Kirke, muligvis på grund af jordbundsforholdene og en høj grundvandsstand. Først i 1943 blev kirkegården på Kildegårds Allé indviet, og den første gravsten er nu fredet og vedligeholdes af menighedsrådet.

Margrethe Hansen, der var borger i Gedser og efter sigende med status af husmor, blev født 20. juni 1877 og døde 16. februar 1943.
Gravstenen der blev rejst over hende er bemærkelsesværdig ved sin udformning og ved at være kirkegårdens første gravsten.
I dag er den fredet og vedligeholdes af menighedsrådet.
Fotos: gahr, 09.03.2015

Graver Henrik Nymand-Larsen viser en anden af kirkegårdens fredede gravsten. Her gælder det gravmindet for Kaptajnløjtnant Peer E. Poulsen, 25.08.1935 – 15.01.1983. "Han har fået en smuk hjørneplacering", siger Henrik, der for at understrege dette har sat to flotte buketter påskeliljer på hver side af gravstenen.

På kirkegården findes en række gravminder, der er udpeget som bevaringsværdige. Kriterierne herfor var, at de afspejler specifikke, egnstypiske karakteristika, og for Gedsers vedkommende var det særlig vigtigt at belyse byens rolle som etats- og overfartsby, så derfor er der udpeget en række gravminder over kaptajner, toldere og DSB-funktionærer såsom lokomotiv- og togførere.

Ligeledes fredet og sikret for eftertiden er gravstenen for Gedser Kirkes murermester Hans Andersen, 24.01.1875 – 4.07.1956, og hans hustru Anna Andersen, 18.05.1875 – 11.01.1959.

Mindesten på Gedser Kirkegård: *3. september 1945 begraves her en ukendt allieret flyver. En af Danmarks befriere. Rejst af beboerne i Skelby-Gedesby Kommune.*

Der findes desuden en interessant gravsten over en ukendt, allieret flyver, der blev skudt ned over Rødsand i krigens sidste dage, hvor der dagligt var voldsomme bombardementer af blandt andet Rostock. I Rostock blev der bygget bombefly for Luftwaffe på Heinkel-Werke, en af Tysklands største flyfabrikker. Anlæggene i Peenemünde, hvor der produceredes V1 og V2 raketter var også stærkt i søgelyset.

For nogle år siden, blev der etableret et elhegn omkring kirkegården for at hindre rådyrenes hærgen. Rådyrene fortærer nemlig omgående roser og stedmoderblomster til stor fortrydelse for kirkegårdens brugere.

Tilsyneladende har det elektriske hegn hjulpet, men det ser unægtelig lidt særpræget ud, og har da også pirret pressens nysgerrighed flere gange. - Der er dog også stærkt delte meninger omkring det æstetiske aspekt i sagen!

Kirkegården er i disse år – og det gælder hele landet – under hurtig forvandling, fordi der bliver flere og flere urnebegravelser med nedlæggelse af gravsteder til følge, så på sigt er et stykke kulturhistorie truet.

Gedser Kirkegård, 1983. Foto udlånt af Gedser Lokalhistoriske Arkiv.

Kirkens rolle som del af Gedsers turistattraktioner

Gedser Kirke er med sin unikke fremtoning og centrale placering særdeles synlig i Gedsers gadebillede. Bygningen og haveanlægget er let tilgængelig og inviterer gæstfrit til et kig indenfor. Ja, indgangsportalen står tilmed med åben favn helt ud til fortovskanten. Derfor kan det for den nysgerrige turist, der ønsker at se kirken indefra, opleves dybt frustrerende, når dørhåndtaget trykkes ned og døren viser sig at være låst.

"Jeg er meget opmærksom på at få låst op, når jeg ser folk opholde sig længere tid foran kirken," forklarer Kim Grützmeier, der af samme årsag altid har nøglen til kirken i lommen, når han færdes i byen.

Efterlyser frivillige fra Nykøbing og Marielyst til guidede kirkerundvisninger

"Vi lægger i forvejen stort beslag på de mange frivillige i Gedser. Så selv om en fast åbningstid til guidede rundvisninger i kirken er noget, der står højt på vores ønskeseddel, har vi ikke ressourcerne til at gennemføre det. Men det er klart, at vi her i jubilæumsåret skal åbne kirken for turister," siger Kim Grützmeier, der sammen med menighedsråd, Søren Winther Nielsen og kirkens mange brugere er gået i tænkeboks.

"En mulighed er at opfodre frivillige i Nykøbing, Marielyst og andre byer på Falster til at afsætte en weekend eller to i juni-juli til at vise turister rundt i kirken. Kendskab til tysk og engelsk vil være en fordel, men er ikke et krav. Hovedsagen er at være til stede, samt at kunne besvare spørgsmål mens turisterne ser sig omkring i kirken."

Det nye orgel indbyder til flere kirkekoncerter

"De fleste turister eller rejsende, der kommer til en ny by, opsøger næsten altid kirken. Dels fordi det som regel er den ældste bygning på stedet, dels fordi de fleste kirker emmer af overskud af arkitektur, kunst og udsmykning. Men der sker også noget andet med den besøgende. Alt det skønne og den billedverden, der præger kirkerummet maner oftest til eftertanke og selvransagelse. Ja, der vækkes måske ligefrem en længsel efter bøn og andagt, eller til at gå i dybden med grunden til, at nogle mennesker i en fjern fortid har bygget dette mærkelige hus på dette sted," siger Søren Winther Nielsen og fortsætter:

"Det gør altså ikke noget, at kirkebygningen byder sig til som et æstetisk udflugtsmål. Med sine detaljer og symbolik prædiker den nemlig i sig selv.

Med det nye orgel i Gedser Kirke er der også åbnet for en anden form for kunstnerisk andagt: Musikken. Koncerter, der kan samle folk omkring de toner og værker, der på den ene eller anden måde synes at være inspireret af noget større. Ud af piberne transformeres et stykke musik ikke sjældent til en bevægelse. Ja, en særlig ånd, der endda i lykkelige stunder kan vække sjælen. Der slås måske på nogle strenge, der ikke kan røres med billeder eller ord. Nogle gange kan en karsk og klar orgelkoral af Bach såmænd være mere retvisende end præstens famlende forsøg på prædikestolen. Og en salmemelodi af Carl Nielsen kan næsten bære hvert enkelt ord, så det lige falder på plads i den rette ånd.

I løbet af jubilæumsåret 2015 er det planen og ønsket at udskrive en konkurrence, der indbyder komponister til at skrive ny orgelmusik: "Stor musik, for små orgler". Som året skrider frem, må vi se, hvor det fører hen.

I mellemtiden vil vi på vanlig vis sammen være hus og kirke, for de mennesker vi er sat til at virke i blandt. Ung som gammel, letvingede eller tyngede vil vi samles om det håb, der med grundstenen, Jesus Kristus, blev os til gavn, glæde og frelse."

Sydfalster-Nyt, 1977: "I søndags var det halvtreds år siden, at damerne herover blev konfirmeret. I Gedser Kirke. Det var syv, der atter mødtes i søndags, seks manglede fordi man ikke havde været i stand til at opspore dem. Her er de jubilerende konfirmander fotograferet på Gedser Hotel i dagens anledning. Det er fra venstre (bagerst): Gudrun Nielsen, Gedesby, Inge Nissen, Holte, Ingrid Ludvigsen, Nakskov og forrest fra venstre: Else Madsen, Nykøbing F, Gertrud Johansen, Nykøbing F, Ragna Hansen, Frederiksværk, og Else Jørgensen, Gedser."

Avisudklip udlånt af Gedser Lokalhistoriske Arkiv.

Kildehenvisninger:

Gedser Kirke. Nordens Kirker.dk Hentet Januar 17, 2015 fra
http://www.nordenskirker.dk/Tidligere/Gedser_kirke/Gedser_kirke.htm

Gedser Sogn. http://www.skelby-gedesby-gedser.dk/

P.V. Jensen-Klint. (2014, maj 3). *Wikipedia, Den frie encyklopædi*. Hentet 14:12, januar 18, 2015 fra
https://da.wikipedia.org/w/index.php?title=P.V._Jensen_Klint&oldid=7583765.

Carl Andersen (arkitekt). (2014, august 14). *Wikipedia, Den frie encyklopædi*. Hentet 14:02, januar 18, 2015 fra
https://da.wikipedia.org/w/index.php?title=Carl_Andersen_(arkitekt)&oldid=7737569.

Elof Risebye. (2014, december 31). *Wikipedia, .* Hämtad 16.01, januari 18, 2015 från
https://sv.wikipedia.org/w/index.php?title=Elof_Risebye&oldid=29246297

"Som i et stof – en fortælling om Grundtvigskirken og dens bygmester". Forfatter: Anne-Marie Steen Petersen. Gyldendal. 1997.

"Bygmesterskolen". Forfatter: P.V. Jensen-Klint. Gyldendalske Boghandel, Nordisk Forlag, Kjøbenhavn, 1911.